AF292717

PENSÉES

ÉCLECTIQUES

Ambre Fonbonne

FSC
www.fsc.org
MIXTE
Papier issu
de sources
responsables
Paper from
responsible sources
FSC® C105338

Édition : BoD - Books on Demand, info@bod.fr

Impression: BoD - Books on Demand, In de
   Tarpen 42,
Norderstedt (Allemagne)

Impression à la demande
ISBN: 978-2-3225-0734-4

Dépôt légal: Novembre 2023

TABLE DES MATIÈRES

OUVERTURE

Pensées éclectiques est une invitation au voyage
au coeur des rêveries d'une fille souhaitant
traduire l'impalpable dans la réalité.

C'est un peu le journal de bord d'un capitaine
naviguant vers l'inconnu à travers les âges.

C'est une oeuvre expérimentale, la plus humble
qui soit, elle ne demande aucun effort de lecture,
on peut se l'approprier ou simplement la survoler.

Bienvenue dans mon esprit, laissez vous porter
par mes pensées.

Bon voyage

mes mots favoris

poudre
foudre
astre
lune
panier
histoire
âme
silhouette
hirondelle
peur
lilas
champêtre
voile
idée
contemplation
admiration
comportement
curiosité
couette
étymologie
voix
pale
émouvoir
enivrant
mélancolie
ombre
brume
océan

JOURNAL DE BORD

1

PRINTEMPS 2020

Le confinement est là, le monde est en suspend,
j'ai 14 ans. Je traverse mon adolescence d'une
manière étrange. C'est alors que je decide de me
raccrocher à ce que je fais de mieux: créer.
Je passe des après-midi entiers sur le balcon, ou dans
le fond du jardin de chez mes parents, à
contempler la même vue encore et encore, et à
en extraire les moindres subtilités. Je persiste et
réussi à entendre et voir des nouvelles nuances
chaque jours. Et j'écris, je peins, je compose.
Je m'évade…

I

Cessons de négliger le regard, observons au lieu de
voir.
Et si nous contemplions. Nous verrions enfin
ce à quoi ressemble réellement ce que nous
connaissons si bien.
Tu crois tout connaître, tout savoir, mais tu ne
connais même pas la couleur des fleurs qui
décorent l'arbre de ton voisin.

II

Le bruit des oiseaux dès l'aube
Emerveille mon âme qui s'éveille

Plus tard, loin des autres, loin de tout
Le crépuscule m'emporte à travers les ténèbres

Je ne suis guère à mon aise
Entourée de ces êtres mystérieux
Virevoltants sous mes paupières

2

HIVER 2021

I

Ces temps-ci je divague, c'est comme si mon esprit flottait au dessus de moi ignorant ce corps qui lui semble étranger.

Bonheur, plénitude absolue et désespoir de cette mélancolie dévastatrice, mes pensées virevoltent. Mon monde semble n'être qu'un grand flou organisé, face au quel je suis complètement désemparée.

Si seulement je pouvais résumer mon existence à lire au bord d'une rivière en cru ou déchiffrer des partitions de Chopin bien trop complexe pour mon niveau, installée sur le vieux siège grinçant de mon piano désaccordé au bois odorant .

Ce sont ces moments précieux qui m'offrent un calme si plaisant, qui me procurent un bonheur si pur, comme ceux que l'on imagine dans nos rêves les plus doux, un de ceux qui font bruler nos coeur à en faire jaillir des flammes qui viennent réchauffer chaque infime particule de nos âmes froides.

II

Perdue entre choix et fatalité, je suis entièrement dévouée à cette simple pensée.

Voila un jour de plus ou je m'abandonne à mes songes parfumés par l'arrogance subtile de sa presence.

Pas un de mes sens ne pourrait lui resister, c'est comme si mon âme s'était alliée aux ténèbres pour que tous mes désirs, vers lui soient tournés.

Aussi grotesque que cela puisse sembler, je tente parfois de me convaincre qu'un enchantement ou autre sortilège me fut adressé.

Cette idée est sans nul doute la plus absurde que je puisse m'enfoncer dans le creux de ma tête, néanmoins elle demeure la seule à me permettre de ne pas sombrer dans une enivrante folie à son égard.

III

Mon corps se couche sur mes pensées lorsque
la nuit noire apparaît.
Mais à quoi bon courir après une chimère ?

3

ETE 2021

I

Etendue sur le pont du navire, je voyage au
coeur de mes songes. Toutes les raisons
plausibles pour me satisfaire ont répondus
présentes à l'appel, pas un nuage à l'horizon
et pas un bruit si ce n'est celui du sifflement
du vent qui rencontre la grand voile. Même la
mer offre des presents distingués, des oiseaux
et des poissons à foison, et c'est pour dire elle
me laisse même la chance d'apercevoir
l'ombre d'un animal marin dont j'ignore
encore l'identité. Or rien n'y fait, mon esprit
se meurt insatisfait.

Alors que mon corps dans son entièreté se
laisse bercer par le rythme irrégulier de la
houle, ma tete demeure pensante,
divaguant entre illusions, rêves et souvenirs.
Tout se mélange sans manquer de m'étouffer.

IX

Qu'est ce que ma vie ?

Pourquoi MA vie ? Ne suis je pas dépendante des mon environnement et des autres ?

Comme tout homme, notre condition et existence me dépasse.

Alors qui suis je pour parler du genre humain et de sa condition ?

Apres tout je vis, je ne suis pas uniquement spectatrice, je participe activement à ce mystère. Puis je avoir la prétention de prétendre détenir une pièce de ce puzzle ?

Je pourrais de ce fait essayer de l'expliquer par le biais de notre infinité de réponses individuelles.

Mais comment être sur que ce raisonnement ne serait pas biaisé ?

Quel moi est le plus légitime?

Nous avons plusieurs facettes qui pourraient être considérées comme part de nous ou étrangères.

Somme nous « nous-même » à travers le regard d'autrui ou à l'abris de tout homme ?

Condamnés à vivre et mourir comment donner un sens à notre vie ?

4

HIVER 2022

LE GOELAND

Ô toi le goéland, Ô toi mon vieil ami
De quelle beauté abstraite tu enveloppe ta
silhouette?
Est ce ton plumage plus gris que la mouette
Ou ton regard perçant à l'éclat de rubis ?

De ton bec acéré et ton air conquérant
Tu domines les flots en marin solitaire
Et quand, insatisfait des cadeaux de la mer,
Tu harcèles, impatient les touristes gourmands

Lorsque l'hiver s'installe, ton empire se vide
Et laisse place alors à un désert humide.
Il t'arrive parfois inconstant volatile
De lui tourner le dos pour rejoindre la ville.

5

ÉTÉ 2022

II

Est-ce rationnel de culpabiliser d'être épanouie et
parfaitement heureuse dans ce monde qui vole
en éclats.
Est-ce juste que l'amertume ait un goût sucrée sur
ma langue ?

6

AUTOMNE 2023

I

Grandir en découvrant l'amour, comment pourrait
on rêver de mieux.
Ici là vie est plus douce.

II

La brume brisée tombante sur la mer, se mélange
aux tons nacrés de cette grande dame.
Je me sens bien et vulnérable face à cette étendue
sans fin qui emporte avec elle les souvenirs d'été
dans ses rouleaux d'écume semblable au temps
qui défile sous mes yeux.
Seule et apaisée je la contemple et la respire, humble
et admirative.
Elle m'avait manqué.

III

À l'encontre des autres et leurs agitations, j'aime me
réfugier dans la beauté de l'inaction, des petites
choses.
Je fais partie des contemplateurs.
On pourrait trouver ça idéaliste, ou juste idiot, pour
moi c'est la voie de la sagesse. Accepter la
violence et la noirceur du monde, est ce cela
devenir adulte ?
En mon sens grandir c'est accepter de se laisser
guider par son innocence et en être
reconnaissants. Arriver enfin à se contenter de ce
qui est juste la sous nos yeux sans désirer plus.
Parce que l'oiseau qui chante à l'aube, la première
brise d'air frais caressant notre peau au matin.
Même le boulevard remplis de voitures au phares
illuminants l'avenue. L'inconnu que l'on croise
au coin de sa rue dont on ne sait rien et dont on
s'éprend à inventer l'histoire. Tous ces petits
détails insignifiants et anodins, que l'ont méprise
de plus en plus ceux sont eux la vrai beauté, celle
qui nous émeu aux larmes et enveloppe
délicatement nos tripes d'un voile en soie.

7

HIVER 2023

I

Le corps faible et froid étendu sur le sable encore
humide de la rosée du matin. J'attends. Quoi ?
Moi même n'en suis pas certaine.
Mais je sais que je patiente dans l'attente de quelque
chose.
Je savoure cet instant en admirant et écoutant en
prenant soin de n'émettre aucun jugement sur ce
qui m'entoure. Je demeure, insignifiante, planant
autours des sons, des formes et des couleurs
dansant autour de moi.
J'aime ces instants de silence qui me rendent
chancelante.

II

Quant sera-t-il de nos souvenirs lorsque l'hiver
sera venu
Et que le soleil brulant de l'été ne sera plus ?
Quant sera-t-il de nos peines, nos joies et nos âmes
de rêveurs insouciants
L'hiver est là et avec lui le fracas, le morose et la fin
du scintillant.

III

Ce soir comme tous les soirs, j'irai refaire le monde
calfeutrée dans mes draps, moi et ma solitude.
Nous partirons alors découvrir ce coin de paradis
qui n'appartient qu'aux contemplations.

IV

J'ai pendant un certain temps cru que pour trouver
ma place dans ce monde avec mon esprit
inadapté à cet équilibre il fallait que je dénonce,
que je combatte ce qui me chagrine. Mais à quoi
bon s'épuiser à combattre seule et finir par se
laisser aveugler par la laideur. À quoi bon
lorsqu'il suffit de changer le filtre pour laisser
apparaître face à nous un monde à notre goût. Et
tout à coup, les couleurs sont plus vives, les sons
plus intense, le soleil plus chaud et la vie, plus
calme.

V

L'âme bleue.
L'âme bleue c'est cette attraction absolue et
éminente de l'eau, la mer, les lacs, les rivières ou
même une misérable petite flaque.

VI

La peur
Quelle jolie émotion pourtant si cruelle
C'est elle qui nous fais vivre par procuration, à
travers elle on se sent exister.

8

PRINTEMPS 2023

I

J'eu remarqué qu'il était bien plus simple d'exprimer sa mélancolie dans des textes poétiques que la joie. Embellir sa nostalgie ou la brume qui enveloppe nos cœurs tent à être plus légitime que la plénitude et le bien-être qui apparaissent quand tout se révèle être parfait autour de nous. Ce qui engendre une sorte de tabou, une honte, de l'épanouissement, comme si retranscrire simplement sa joie telle quelle, à l'état pur était prétentieux. Peut être parce que cet épanouissement est tellement impalpable qu'il en devient dur à retranscrire, comme la peur qu'il ne soit totalement compris. Que l'ivresse et la noirceur des textes plus sombre, sont plus authentique, moins burlesque.

II

Va et vient, éclaboussent et s'évaporent, ainsi les
rouleaux s'engagent à jamais dans cette étendue
sans fin.
Plus ou moins gros, larges ou vilains, ils s'explosent
sur le sable humide juste aux pieds des humains.
Souple, aux nuances de gris, vert et bleu l'eau
remue, au cœur de cette combattante invincible.
Les embruns égarés se dissipent dans l'air et se
mêlent à la fragrance de l'iode pour venir se
frotter à nos narines ouvertes.
Cailloux et créatures habitent ce puit sans fond,
mais le plus impressionnant ses abîmes.
Que nous cache cette dame resplendissante ?

III

J'aime l'idée de me comparer à l'océan.
Certes, je n'ai pas les yeux bleus aux reflets verts de
sa surface étincelante.
Mais mon âme est profonde comme sa grandeur
éblouissante.
Mon corps doré comme le sable dont il regorge.
L'esprit, libre comme lui, s'étend sans savoir où il
conduit.
L'ambition semblable à ses rouleaux déterminés
explosant au concat du rivage
L'imagination débordante comme la vie qu'il
engendre.
Suis-je alors peut être de sa descendance.

IV

Un noeud se dénoue dans mon ventre.
Indescriptible sensation qui me transporte dans
une autre dimension. Tout change soudainement
autours de moi et voilà que l'amour nait partout.
Les amants main dans la main, le chien qui
gambade sur le sable doré du printemps. Tout est
plus intense, les couleurs plus vives, les odeurs
plus fortes, soleil plus brûlant.
Je demeure soudain, en retrait du film de ma vie.
J'admire les detail comme une entité omnisciente.
Invincible, comme si la brume et la noirceur ne
pouvaient m'atteindre à présent, je suis dans un
autre aspect de mon existence.

Potentiels titres exploitables…

° L'âme bleue

° La lune et la mer

° Pensées éclectiques

° J'ai mangé mon coeur

° La mort des tulipes

° Les sillages de mon nom

9

Eté 2023

I

Le téléphone: cet objet d'alienation extrêmement
frustrant. Paul Auster disait « Le téléphone c'est
la communication entre des fantômes, la
sécrétion verbale d'esprits dépourvus de corps ».
Comment mieux qualifier cette machine
hypnotisante ?
Consommer ces extensions de nous.
En attente du jugement tant languit afin de susciter
de la jalousie, l'envie ou simplement l'intérêt de
l'autre.
Se laisser consumer par ce monstre rectangulaire.
Se prêter au jeu de montrer l'inutile et le réducteur.

Livrer simplement son image bien modelée au
monde pour attiser la flatterie
Affreuse tragédie.

II

Confuse et dénaturée à vos cotés je me résous à
penser que je suis condamnée à demeurer seule
pour l'éternité.
Je tente d'éduquer mon âme de sorte à ce qu'elle
soit agréable pour mes semblables mais des lors
qu'ils s'en préoccupent, tout vole aux éclats.
Dois je leur ressembler et renoncer à ma paix ou la
conserver et les abandonner ?

III

Créer, créer l'éducatif, le divertissant, qu'importe.
Livrer son âme, son souffle et ses larmes pour laisser
une trace de son passage éphémère.
Je veux en faire ma personnalité toute entière, mon
essence.

IV

Si les sensations étaient un langage
Les couleurs en deviendraient les mots
Les émotions la ponctuation
Et la peine un point virgule

V

C'est beau de pouvoir aiguiser les mots
À la pierre de nos idées
De chercher celui qui habillera le mieux
Trouver le plus harmonieux
Pour finalement constituer une idée de papier

VI

Les mots doux se font rares
Et la beauté ordinaire
Qu'avons nous fait de la souplesse des rencontres
Où sont passé les passions fougueuses
Qui dictaient nos pulsions d'autrefois

VII

Je suis addict à l'amour maladroit
Lorsque les mots sont millimétrés
Que le souffle s'accélère
Et que tout n'est que pudeur.

VIII

Le soupir arrache à la brise
Le souffle qu'elle vole à l'été

Poésie à la volée

Sonate bleue de la nuit morose
Le silence doux de cette virtuose
Déambule dans les cieux
Tel les petits points lumineux

La lune est belle lorsqu'elle percute la mer
Deux âmes pleines
Deux dames sévères
L'ardent soleil n'est que poussière

Souffle marin berçant le drame
Soulevant les grains de flammes
Les étoiles dansent
Et mon coeur balance

Ardent sillages et pluies de mots
Ainsi s'écoulent les heures fanées
Guidées par le silence du fardeau
Ils déambulent sous la voute étoilée

Bercés par la douce pluie ruisselante
Drôles compagnons de voyages
Divaguant jusqu'à la lune étincelante
Là où l'impromptu est enfin à sa place

Retentissent les heures
Dans l'émoi de la douleur
Dissonantes couleurs
Dans le creux de son coeur

Ruisseaux dorés et rivières rosées
Qui emportent dans leur tourment
Le chant des oiseaux
Compagnons amicaux

Pleurs et rires défilent dans leur eau
Seuls au coeur des grands tableaux

Le soupire du misanthrope
Dans les larmes de pluie
Douce amertume de l'enfer
Qui l'envahît

Vertigineux sens primitifs
Mécontent des tours de l'encéphale
Folie étourdissante
Infâme tourments de l'âme

Au coin de son oeil, l'humidité de la douleur
Le voile de noirceur bercé par l'ivresse et
l'amertume
Subtils ombrages semés par les rayons lune
Disparaissent au contact du matin et ses lys en fleurs

Mille et un sons voltigent dans la muance
Voici l'ivresse de l'interference
Et le hasard de la chance

Implosion dans les bras de l'immensité
La recherche divine de la vérité
Pour que perdure l'intensité

Silences minutés
Les secondes danse la valse
Dans cette volupté
Nait la subtilité du crépuscule

Odorante inule
Insolente arôme de l'audace
Se meut sur le temps
Et plus rien n'est comme avant

L'aurore étincelante dans le creux de la main
Vagues de tendresse, jeunesse éternelle
Les rires et les fleurs
Lyres et douceur

S'enfuir au petit matin vers l'intriguant
Courir le monde comme un enfant
Plénitude bohémienne
Liberté souveraine

Rouleaux nacrées aux projections délicates
Gouttes de mousse survolant la masse
Sons apaisants aux senteurs délicates
Voilà la surprenante magie du rivage

Brume amère saupoudrant la pleine
Brume grise reflétant nos teints blêmes
Les nuances sont tes otages
Les nuages sont tes pirates

Quand réapparaîtra cette rigoureuse mélancolie
Parsemée de sa délicatesse infinie
Goûterons-nous au saisissement inégalable ?
Ainsi retrouverons nous le gout de l'impalpable
Sans dire un mot, les silences en disent long
Tout n'est que drame
Tout être fane

Étoile

Spectre rayonnant dans ton immensité

Toi qui vis au-delà des âges

Protège nous de l'infâme

Guide nous vers la gloire

Battements irréguliers
Et souffle indomptable
Les mains traduisant l'état d'âme
Les maux semblent incontrôlables

Le silence lourd de la nuit noire,
Bercé par la pluie de ses larmes
Dissonance inégalable
Tendre mélancolie des anges

Portée par le son des pas
Elle avance vers le trépas
Un rideau de larmes
Maudissant son âme

L'inertie de sa danse
Précédant l'insouciance
Oh folie de l'ivresse
Amnésique tendresse

S'en remettre au rôle d'observateur
Écouter et jouir des rencontres invisibles
Rester et ressentir leurs rires et pleurs
Sans ne jamais redevenir visible

Subtils étreintes de sensations

Images suspendues

9
SCARBARO

PUNT NET
PUNTO LIMPIO
RECYCLING ZONE
ZONE DE RECYCLAGE

HOTEL

FIN